EN JÄVLA MASSA KÄRLEK

(MEN PÅ OLIKA VIS)

FÖRFATTARE OCH POET:

JONNY KARLSSON

Förlag: BoD – Books on Demand, Stockholm, Sverige
Tryck: BoD – Books on Demand, Norderstedt, Tyskland
ISBN: 978-91-7699-169-5

Jag som skriver texterna är författare och poet till en rad böcker om missbruk. Denna bok blir min debut i andra ämnen, och jag valde det starka ämnet kärlek. Kärlek som man kan tolka det på många olika sätt. Erotiskt, passionerat, romantiskt, kärlek till sitt barn, eller till sina föräldrar. Är kärleken en känsla, eller är det bara en lek?

Jag vill tacka mina hängivna läsare, och jag hoppas att ni sprider mina kärleksfulla ord,.

JONNY KARLSSON

Jag såg något vackert I natt
Vacker som Jasminens vita blomma
Det doftade underbart under månens sken
I den sena timmen höll hon mig vaken
Kärlekens gudinna klädd i svart
I den mörka natten stal hon mitt hjärta
Tog det med sina ömma händer
Med munnen helade hon min trasiga själ
Hennes mjuka läppar förenade oss
Tänker ständigt på henne
Funderar på om hon tänker på oss
Hennes ögon var som havet
En spegel stor som en ocean
Först var hon vild, men sen blev hon tam
I natten försvann hon in i drömmarnas horisont
Jag önskade att jag fick vara där
Drömmer om hur vi älskar med varandra
Men vaknar till en säng som är tom

Våra blickar möttes
Andetag som snuddade vid varandra
Läppar mjuka som bomull
Kring min mandom som var stor och hård
Bultade av kärlek
Skrek efter din grotta
Ville inget hellre än att fylla din vulkan
Få dig att explodera
Se hur lavan sakta rann
Tänk att något som är så tabu
Ändå är så spännande
Så skönt och så underbart
Hur något som anses så fult
Blev så vackert och självklart
Något som alla gör
I alla skrymslen och vrån

När natten kommer, när sängen känns tom
Då drömmer jag om dig, dina mjuka bröst
Din lena och väldoftande hud
Jag minns exakt hur du smakade
Både när du var våt och torr
Kan höra din röst eka i mitt huvud
Se hur du trånar efter mig
Som en film, eller en serie som går i repris
Vi älskar med varandra
Stönar, kvider efter mera
Allt spelas upp, om och om igen
Kanske är det för att jag vet
Att du aldrig mer kommer tillbaka till mig
Jag smeker mig själv, jag blir hård
Det som bara var en sexakt något banalt
Blev som en filmpremiär utan slut
Där huvudrollen spelades av mig
Du var bara gäst artist
Kom och gick
Vi älskar hårt och brutalt
Resten av årets alla dagar
Publiken som består av mig
Där jubel och applåder haglar
Jag bugar och tackar
Tar kuken i hand
Inser snart att drömmen inte är sann

Jag såg henne djupt in I ögonen när våra läppar
möttes
Det var som att se sin tvillingsjäls spegelbild
Mjuka ord från mjuka läppar, ord om kärlek
Kärlek från en kropp, ett skal som passade mig
perfekt
Varje morgon möttes våra läppar med mjuka ord
Våra kroppar gjöts samman i en varm famn
Men så kom det en dag då allt det var borta
Dom varma läpparna blev iskalla
Läppar som bara gav tystnad
Spegelbilden fanns inte längre kvar
Och min själ, den dog sakta bit efter bit
Till slut fanns bara skärvor av spegeln kvar

Din nakna kropp, dina mjuka bröst, ditt silkeslena
hår
En sensuell doft från din kropp av Jasmine och fuktig
hud
Mina händer smeker, klämmer och leker med brösten
Den vackra mörka vårtgården, den styva
bröstvårtan
Min mun och mina läppar kysser din nakna
sammetslena hud
Tungan leker, letar sig ned mot kärlekens berg
Skådar den heta vulkanen, utforskar bergets öppning
med min mun
Som om det vore lugnet före stormen, så stannar
allting upp
Med en djup och ett stönande av vällust
Så vaknar vulkanen till liv, känner värmen, fukten
Hela din hjälplösa kropp skakar, bedarrar innan
lavan pumpas ut
Krampaktigt vill du hålla känslan kvar vid liv, men
sakta drar det förbi
Jag kan bestiga berget, och jag kan komma in
Njuter av skönheten, av dig min vackra vän

I spegeln ser jag en man i medelåldern
En pojke fastkedjad i en gammal mans kropp
Inom mig vill kärleken slita sig loss
Orden som ekar i mitt huvud
Du måste lära dig att älska dig själv

Främling
Våra blickar möts
Jag vet
Tjugo fem ord
Eller mindre
Det är vad jag behöver
Innan våra läppar möts

Sommaren kommer
Vulkaniska kvinnor
Män som blomster ståndare
Burrar som humlor över vulkanen
Sprider pollen
Flickor som bin
Producerar söt honung
Pojkarna tittar med stora ögon
Sötsugna och utsvultna

Hon böjde sig fram emot mig så att blusen gled isär, jag såg dom nakna brösten blotta sig, dom två mörka vårtgårdarna med dom styva vårtorna som stod rakt ut. Jag blev hungrig, ja jag kände mig rentav utsvulten, som om jag hade svultit mig själv i flera månader. Jag var tvungen att göra det, mätta mina lustar så att jag kunde känna ett lugn i kroppen. Inom mig började rovdjuret vakna till liv, han som ville fånga sitt byte, slita det i stycken och det brutalt. Jag slet tag i hennes blus, och drog våldsamt av henne den, hörde samtidigt mina egna tunga andetag, som om jag var helt exalterad över att jag hade lyckats fånga henne, lyckats få henne i säng.

Själva akten var inte så spännande, det var jakten på ett lätt byte som satte leken i rullning. Jag brydde mig inte om något annat än att skala av henne textilerna som satt i vägen för den lena och mjuka huden. När jag väl hade bytet under mig, så började jag nafsa, jag satte tänderna i dom vackra brösten, kände den styva vårtan mot min tunga. Och jag kände mig som ett litet barn som skulle amma. Samtidigt som jag kände mig upphetsad så blev det nästan som en barnlek, en vuxen man som suger på en kvinnas bröst.

Mörkret faller tungt över rummet, månens sken bildade strimmor av ljus på min vägg.

Sängen som skulle vara en varm och mysig plats, något man skulle längta till.

Den stod mest tom och kall, något som verkligen skrämde mig var ensamheten.

Kändes som om alla andra fick älska utom jag, var det något fel på mig?

Var det min vikt?

Hur jag agerade som människa?

Lägger mig på soffan, sätter igång en erotisk film, låter mina händer smeka min kropp.

I mina fantasier var det någon annan, som om jag var med i filmen, inne i sexakten. Jag smekte mig själv till orgasm, slöt mina ögon och lade mig förnöjd och tillfredsställd tillbaka.

I mina fantasier var allt som det skulle vara, fick jag inte kärlek från någon annan så fick man själv ge sig den.

Morgon solen sken över mig, jag vaknade ensam i min kalla och hårda soffa. Soffan som skulle vara en mötesplats i mitt hem, men den mötesplatsen hade jag vanhelgat.

Blickar möts, hög musik och skrål från baren
Alla människor var vackra i berusningens hetta
Men vackrast var nog jag själv
Folk var lätta på foten, vinglade mellan borden
Gylfen var öppen, och piss på låret
Tjejen som hade målat läpparna klarröda
Blek som ett lik, och stanken av spya
Pudrat näsan och hulkat i pissoaren
Men vi var alla likadana, alla hade vi samma mål
Vi skulle ligga med någon ikväll
Hur dom var, hur dom såg ut
Det var inte det som var det viktiga
Det viktigaste var att få sina lustar mättade

Vi låg med varandra, våra blickar möttes
Jag trängde djupare in i henne
Läppar som möter varandra
Andetag och stön av vällust
Jag kom i henne och vi föll ihop
Sida vid sida
Våra blickar möttes
Men det var tomt, nu fanns inte spänningen kvar
Vi var överens, om att det inte kändes speciellt
Hon ställde sig på alla fyra
Jag tog henne bakifrån
Vi älskade med varandra en gång till
Kanske skulle kärleken infinna sig
Men det var tomt, tomt på känslor
Lusten var bara kroppslig

En bit av mitt hjärta, det försvann för länge sedan
Det var redan då jag bara var ett litet barn
Sedan dess lever jag med ett hjärta som är dysfunktionellt
Alla barnen, mina vänner och bekanta dom var rena och fina
Men jag blev kontaminerad redan från födelsen
Alla andra bar vita kläder, alla utom jag som bar svart
Medan mina vänner skaffade husdjur, satt hemma och klappade katten
Då stod jag ovanpå, en spegel med lus kam
På min födelsedag väntade jag spänt
Jag hade drömt om, blanka och rena plåt bilar i kartong
Men på bordet låg en plastkasse från en second hand butik
En förpackning med rulltårta och ett glas med ljummen saft
En bit av mitt hjärta, det försvann för längesen
Men tiden förändrar absolut inte på någonting
Lever ett dysfunktionellt liv, kontaminerad av droger
I min mörka och kalla cell på några kvadratmeter
Bär jag fängelsets dress som både är vit och svart
Hos häktespersonalen ligger alla mina tillhörigheter
En sliten plastkasse, mestadels med småsaker från en second hand butik
Idag är det fredag, och fångarna bjuds på rulltårta och ljummen saft

Vägen den är lång och krokig
Inte lätt att ta sig fram efter ett par supar
Rättare sagt en hel flaska minst
Hit och dit med kepsen på sniskan
Ställer mig vid ett träd
Försöker friska upp mitt minne
Vem fan är jag egentligen
Jag går och går, men vägen har ingen ände
Vägen den är lång och krokig
Precis så som livet har varit
Minst halva mitt liv det vill säga
Hit och dit med pitten på sniskan
När man försöker att pissa vid ett gungande träd
Missar, känner värmen fylla min byxa
Äh vad fan gör det, tänker jag för mig själv
Vet ju för fan inte ens vem jag är
Eller om vägen ens bär hem

Dina vackra ögon
Dina underbara läppar
Men min blick kunde inte slita sig
Inte från dina bröst
Som förtrollad
Kunde varken höra eller se dig
Jag tänkte bara på en enda sak
Det var att jag ville slita kläderna av dig
Att jag ville knulla dig hårt
Här och nu

Prinsessan av himmelriket
Ögon som en blå lagun
Hud som liljornas mjuka blad
Du är våt och varm
Att komma nära dig
Det är som att stiga in i regnskogen
Ja, jag vill
Besöka din grotta
Utforska nya äventyr

Du är så vacker så att det gör ont
Det värker i mitt hjärta
Och det blir kaos i min hjärna
Så naturligt kvinnlig
Jag granskar varje rörelse du gör
Du utför dom som om livet vore en dans
En dans på kärlekens röda rosor
Drömmer om dig konstant
Dig och din nakna kropp av sammet

Kaos i själen
Ett öppet sår i hjärtat
Och syret tar slut
Med all säkerhet kommer jag att dö
Själen kommer sakta att förtvina
Ingen ser hur sjuk jag är
För min sjukdom är inte synlig
Den sitter som en böld på min själ

Trygg i min famn
Kärlek
Det magiska ordet
Dom enkla små bokstäverna
Som skapar ett så stort ord
Ordet som skapar trygghet

En hippies sista reservat
Wolkswagen bussen
En gammal historia
Om droger och kärlek
Freden som aldrig kom
Ett slitet kollektiv
Hembryggt vin
Cannabis plantan i kökets fönster
En hippies sista reservat
Knarkarkvarten i port 125

Jag blev påkommen med min hand kakburken
Påkommen med en vacker kvinna
Påkommen med hennes nakna bröst i min hand
Den andra smekte jag hennes varma sköte med
Påkommen med en kvinna som inte var min
Påkommen med min hand i en annan mans kakburk
Med bullarna i min hand

Kan jag sätta förband på en trasig själ
Kan jag tejpa ihop ett hjärta som har gått itu
Går det att tvätta bort smutsiga känslor
Eller återvinna begagnade löften
Känns som om min kropp är en sliten kostym
Kanske lika bra att slänga den på tippen
Att köpa en ny

Jag höll hårt i din höft
Stöter hårt
Dina bröst gungar
Jag böjer mig fram
Lägger mig över dig
Viskar snuskiga ord
Brutalt ärligt
Hård kärlek
Med kärlekshandtag
Och kuddar som airbags

Omvänd kärlek
Hatkärlek
Omvänt hat
Kärlekshat
Hur kan man hata
När man älskar
Eller älska när man hatar
Då blir diagnosen svart
Svartsjuka

Det finns en sjukdom som sprider sig
Människor blir som besatta
Besatta av att hata
Besatta av att älska
Besatta av skada
Både andra och sig själva
Allt blir så mörkt och svart
När epidemin av Svartsjuka sprider sig

Snälla pappa vakna
Ropar barnen med tårar på sina kinder
Snälla pappa dö inte ifrån oss
Skriker dom förtvivlat
Pappa som är full som ett svin
Borta i drömmarnas horisont
Ligger på golvet i hallen
Sover i sina egna spyor och i sin egen urin
Bredvid honom ligger en tom flaska
Tömd på livets falska lycka
Och kärleken hade torkat ut

Dina läppar smakar underbart
Jag slickar och biter lätt
Så varmt och vått sköte
Du Stönar ljudligt av vällust
Min tunga dansar
Först klassiskt
Men avslutar med hårdrock
Och hela din kropp pulserar
Trycker min mun tätt intill
Känner hur du exploderar
Värme som sköljer inifrån och ut
Dina händer håller mitt huvud kvar
Bara en dans till, bara lite mer
Ber du mig hungrig på leken kärleken

Du sa att du var upphetsad
Att du ville älska
Vi kysste och smekte varandra
Romantiskt och passionerat
Viskade vackra ord
Men efter ett tag blev du som förbytt
Du sa åt mig att sätta på dig
Att knulla dig hårt
Och du kröp på alla fyra
Du var som en kelsjuk katt
Du bet mig och rev mig som ett vilddjur
Men ändå var du så liten och oskyldig

Jag har hört om ett heligt tempel
Om mjuka kullar och hårda bullar
Porten som leder mig in i värmen
En grotta som både är trång och varm
Armar och ben, mjuka ansiktsdrag
Beklädd av mjuk och väldoftande hud
Men över allt detta ligger oftast en skrud
Detta kärlekstempel finns överallt
Templet som gör ett kallt hjärta varmt
Jag har hört om ett heligt tempel
Ett tempel med mjuka kullar och siden hud
Varje kvinna bär tydligen på det där

Ibland det undrar jag om jag borde vända om och gå
Så som när jag vet att känslor kommer att möta mig
Men känslan av att jag är känslokall
Får mig att tro att jag är hård och stark
Men sen faller jag om natten
Blir barn på nytt, en liten, liten pojke
Han som fäller tårar på sin kind

Jag skrattade samtidigt som jag grät
Hjärtat slog snabbt men samtidigt brast det
En känsla av att vakna i en dröm
Du låg där på min älskades bröst
Så liten, så skör
Allt runtom blev plötsligt så stort
Jag ville bara rycka upp dig hålla dig i min famn
vackert med det nakna barnet, moderns nakna kropp
En lycka som inte går att återuppleva

Så hett och passionerat
Levande elden som brann
Champagnen som bubblade
Våra kroppar tätt intill varandra
Veden knastrade
Silhuetter av oss på den tomma väggen
Vi älskade som om vi älskade för första gången
Elden brann ut, den slocknade
Den röda varma glöden brann
Utmattade av kärleksakten föll vi samman
Glöden slocknade
Det blev kallt, bara den grå askan var kvar
Och snart skulle vi vakna upp
Leva i den grå vardagen igen

Och så öppnade sig porten
St Per han var en gammal man
Välkomst drink
Finaste vinet från nattvarden
Sött och sliskigt portervin
Detta är Jesus blod
Sade han till mig
Jag log mot honom och svarade
Att du måste vara dum, eller så är Jesus jävligt
alkoholiserad
För vem i helvete hade portervin som flöt genom sina
vener

Se upp där vita man
Skam borde du känna
Förakt mot svarta
Se upp där svarta man
Skammen
Du drar över hela stammen
Vita mannen drar alla över kammen

Jag är handikappad för livet
Kommer att leva resten av mitt liv som krympling
Först lånade hon det, lekte lite med det
Sedan stal hon det och knullade det
Men efter ett tag tröttnade hon på det
Hon slet det i stycken, kastade det på marken
Hon spottade på mig
Sedan stod jag där ensam kvar
Med ett trasigt hjärta och en våldtagen självkänsla

Hennes mjuka bröst smekte lätt mitt ansikte
Som en hondjävul besatt av att rida min hårda påle
Pärlor av svett som täckte hennes varma kropp
Allt stannade upp och hennes sköte kramade
krampaktigt
Hela hennes kropp skakade som om den fick en
elektrisk chock
En het värme sköljde över mig
Hon sjönk ihop och brösten som nästan kvävde mig

Sommarnatten hade varit blöt och hård
Hade tömt flaskorna på lycka
Tömt mig själv i kvinnor två, kanske tre
Ser inte riktigt var jag går
Vägen är vinglig och krokig
Kroppen den slokar och är slapp
Fy i helvete vilken blöt och hård natt
Innan var kuken hård
Nu är den död och slapp
Alkoholen ger mig mer än vad jag tål

Våt av svett, våta kroppar tätt intill varandra
Kärleksakten som var så intensiv
Blickar som möttes samtidigt som jag var inne i henne
Tömde min hjärna på energi
Hennes sköna och mjuka bröst
Kunde bara inte släppa dom med mina händer
Hennes händer som smekte min nakna hud
Hårt intensivt och lämnade svidande rivsår
Hennes väldoftande hår, drömde mig bort på en sommaräng
Våt av svett, våta kroppar tätt intill varandra
Kärleksnatten som blev så lång
Nu ligger hon och jag här vid en vacker soluppgång
Sång från fåglar i morgonen
Utmattade, mjölkade på kärlek så granskade vi noga varandra

Det sitter en äldre man på en bänk
I en park avlägset mitt i staden
En äldre man som vilken man som helst
Alla ser, men ingen vill förstå
Hur sårad han är, skadeskjuten och stucken i bröstet
Alla ser, men ingen frågar hur han egentligen mår
Alla utom ett litet barn som stannar upp
Tittar länge med stora ögon på honom
Innan han frågar om farbror är ledsen
Det sitter en äldre man på en bänk
I en park avlägset mitt i staden
En äldre herre som sitter och gråter
Stora tårar rinner nedför hans kind
Ett barn som fick sorgen att släppa från hans bröst
Sorgen som satt som sten, orubblig, kall och hård
Tänk att till och med ett litet barn kunde se att han
hade det svårt

Tankar far runt i huvudet
Tankar bilen
Tankar i mig
Fullt av tankar som far runt
Fyller bilen med bensin
Full och berusad är jag
Berusad av livet
Rusar poliser mot min bil
Brusar upp och skriker
Sviken, arg och sårad
Hårda batonger mot min mjuka kropp
Var detta mitt sista stopp
Minnen far runt i huvudet
Sitter i polisbilen
Skriker åt dom jävla svinen
Vill inte, kan inte, får inte
Vara den jag är
Destruktiv, amfetamin, heroin
Men själen den är min
Bara min

Skam och svek
Visst var jag en gång liten och vek
Kröp ihop som en nyfödd när någon skrek
Lekte med mitt könsorgan
För jag hade sådana problem med att skaffa en dam
Staden var fylld av kvinnor och damer
Var ju bara att köpa en flaska vin och ett halvt kilo Edamer
Men hade jag bjudit hem en kvinna, då hade hon fått spader
Sist så fick jag nobben, ett blankt nej
Tänker jag efter så är jag nog osäker på om hon var en han
För när vi skulle krypa ned i sängen
Då var det något hårt som pulserade
Vi kändes liksom inte enade, något var fel
Ett kvinnligt könsorgan skulle väl vara mjukt och inte stelt
Skam och svek
Herregud vad hon skrek när jag skulle fullborda akten
När vi upptäckte att det enda hålet var det som satt i arslet
Att hon lekte med ett könsorgan som hängde mellan benen
Staden var fylld av kvinnor och damer
Var ju bara att köpa en flaska vin och ett halvt kilo Edamer
Nu hade jag ju både provat på damer och herrar
Sa den ene nej så var det bara att prova den andra
För efter en flaska vin och ett halvt kilo Edamer
Så spelade det längre ingen roll åt vilket håll hålet satt

Araben stod där på perrongen, harembyxor och koranen
Kinesen satt och åt en tallrik med ris
Polaren polacken han var full som fan
Dansken stod där med sälskinnshandsken i sin hand
Mister Saddam bar en kasse med sallad i handen
Han mannen från Iran hade varit inne och fikat i stan
Jag tittade på kvinnan som bar på gurka, över huvudet bar hon en burka
Zigenaren kom med tåget från Flen, han var riktigt förbannad
När han upptäckte att han kom försent
Själv satt jag på en bänk, liten, vit och blek åt en choklad boll
Bredvid mig satt en Afrikan med ett stort hår som lejon man
Han tittade med stora ögon, frågade vad jag åt
Jag svarade att det var en chokladboll bestående av choklad och margarin
Tidigare kallade vi det negerboll, stolt bjöd jag honom på en
Han log med ett stort vitt leende, han tyckte det var gott
Jag beundrade hans leende, frågade hur han fick det så fint
Han drog upp ett paket tuggummi ur bröstfickan
Bjöd mig, och talade om att det var extra white

Gatumusikanten spelade på gitarr
På en skylt stod det
Ursäkta jag spelar dåligt, jag har starr
Skänk en slant till mig, jag har både barn och tant
Ur fickan slant en flaska brännvin special
Han tittade ned och vinglade till
Fy satan vad den var hal, sade han och öppnade en
ny
Han pekade på flaskan
Meddelade publiken att det var medicin för synen

God dag frun i kassan
Folkmassan var stor
Ville bara köpa en liter mjölk
En limpa
Och en tub med kaviar
Känner mig vilsen mellan proppade vagnar
Ungar, kärringar som skriker
Gubbar som går som Rambo i alla trånga gångar
Känner mig som en fånge
Bakom gallret på brödvagnen
Kommer med en lögn
Ursäkta får jag gå före i kön, jag är sen
Kön är som en flock med renar bland samer
Alla är som rädda djur, dom försöker bara hitta ut
Tänker tyst för mig själv, snälla, någon där skjut
Skjut mig så detta får ett slut

Kebab, Shawarma, Falafel
Fjällbrynt messmör
Hommous av kikärtor
Gröna bönor
Libanesiskt bröd
Surströmming
En kopp the
Shich kebab
En sup besk
Ingen vet längre vad vi äter
Åsna, apa eller häst
Halal slaktat fläsk
Eller ekologiska getballar
Köttbullar av myror och larver
Saltad och inlagd fårskalle
Dagens utbud på den anrika saluhallen
Svensk husmanskost

Hans majestät
Macka med majonäs
Matjessill
Gräddfil
Midsommarafton med dans
Fulla rödlätta damer
Gubbar med snus i mungipan
Som om vi vore efterblivna
Lättklädda
Korta kjolar, avklippta jeans
Överjästa lår och fräknar
Knullar vildvuxen buske
Slånbärsvin och fylle svin
Nu är sommaren här

Komma över daggstänkta berg
Komma över till grannen
Komma till skott
Man kommer alldeles strax
Kommer snart att göra det
Ja pengarna kommer snart också
Men så fort man vill komma på ett coolt sätt
Så som dom gör på vuxenfilmerna
Komma över brösten
Då blir det blankt nej
Nej då blir det kladdigt
Det är äckligt
Man är inte normal
Fram med gummistövlar
På med regnkläderna då för fan
Låt mig få bli en man

Yrade kärleksord
Jag var sjuk
Förälskad
Lättlurad
En idiot som yrade
Talade innan jag tänkte
När jag tänkte efter
Så var jag nog kär
Det trodde jag
Men så talade kvinnan
Yrade någonting
Vänskap
Kanske framtiden fick utvisa
Mitt hjärta brast
Tilliten till människor
Tilliten till kärleken
Allt var borta

Havet slår tungt mot fiskebåtarna i hamnen
I famnen har jag kvinnan jag älskar
Strövar runt i sanden på stranden
För att få en glimt av solnedgångens vackra sken
Sensommarkväll och måsarna skriker
Vågorna formar sanden, suddar ut våra fotspår
Som om vi aldrig någonsin hade varit där
Kär, precis lika kär som när jag mötte hennes blick
första gången
Här på stranden, bland fiskebåtar, skrikande måsar
och svallande vågor
Men våra spår i sanden dom var som bortblåsta

Jag drömmer om dig natt som dag
Dina förtrollande ögon
Vacker som en skogens älva
Som den barfota dansande Zigenar flickan
Dansande till fiolens vackra toner
Men musiken kommer inifrån dig
Och kärleken lyser som levande ljus i dina ögon

Varför kan jag inte bara vara som alla andra
Inte så jävla komplicerad att älska
Varför kan jag inte bara finnas här och nu
Och inte ständigt i mina tankar och fantasier
Varför kan jag inte lämna ett papper blankt
Låta livet vara som det är

Jag såg din rumpa framför mig på bussen
Rund och fin i tighta jeans
Jag kunde inte låt bli att fantisera
Om hur du och jag steg av vi nästa hållplats
Jag drog ned dina byxor och höll ditt långa hår i min hand
Knullade dig hårt och brutalt bland snåriga buskar
Människor som passerade bara någon meter från oss
Jag vaknade till av ett pling
Du klev av bussen och försvann in bland slitna hus
In i ett industriområde, och där satt jag ensam kvar
Med bilden av din runda stjärt och dom tighta jeansen
Bilden som skulle sitta kvar resten av kvällen

Den gula solen
Det gröna gräset
Dom röda blommorna
Mamma, pappa, barn
Alla ler och håller varandra i händerna
Teckningen jag ritade som barn
Teckningen som var en dröm om hur det kunde varit

Morgondagen gryr
Fåglarna kvittrar
Doften av vått gräs
Och solen skiner
Tittar ut på trädgården
På den tomma solstolen
Fyller kaffemaskinen med vatten
Bara längtar ut
Att få koppla av med en kopp kaffe
Njuta av den varma sommar morgonen
Men plötsligt som ett oväder
Mörka och svarta moln
För helvete
Kaffe burken var tom

Om jag kunde plocka ur mitt hjärta och ge det till dig
men ändå leva
Då hade jag inte tvekat en enda sekund
Men tänker jag efter så hade det nog bara varit
äckligt och motbjudande
Istället köper jag en ask choklad och en bunt med
röda rosor
Tänk att lite pengar kan lösa allt, till och med
kärleksproblem

I evighetens väntsal
Där är väggarna vita
Golven gråa
Allt är vitt eller svart
Där sitter hela mänskligheten
Väntar på sin tur
Någon gång ska alla in
En del tidigare än vissa
Somliga kommer in
Men får gå ut och vänta ett tag till
Men alla ska vi in
Och är du väl inne
Har du fått träffa sankte per
Då kommer du antagligen inte ut igen
Evighetens väntrum
Där tiden känns som en evighet

Allt jag ville var att bli älskad
Såren och ärren
Det var bara ett rop på hjälp
Hjälp att få lära mig att älska
Tänk om jag ändå fått lära mig
Att empati och sympati
Det är något man känner gentemot någon annan '
Och inte bara för sig själv

Endast klockan var mitt hinder när jag vinglade mig fram tidigt en midsommarmorgon

Fåglar sjunger, jag sjunger, hela världen sjunger för mig om att morgonen är tidig och jag fortfarande är full som ett svin

Men bara klockan är mitt hinder, en urtavla med krossat glas och ett batteri som har slutat att gå

För somliga hade du varit en mor
En väldigt vacker sådan
Därför är du min älskarinna
Ett härligt äventyr på redan besökta marker
Männen har redan trampat upp stigar
Utforskat och smakat
Alla har dom avnjutit din förbjudna frukt
Men säkert finns det orörda platser kvar
Platser dom inte ens du visste om
Kanske smakar frukten annorlunda denna gång

Jag känner varje andetag
Rummet fylls av ditt hjärtats slag
Kyssar som glöder
Rosor röda och bubblande champagne
Det var så jag hade förväntat mig det
Inte billigt rött vin
Dålig andedräkt
Fumlande händer
Ett svettigt rått knull
Ville bara mätta lustar
Passionen jag drömde om
Den infann sig aldrig

En kopp kaffe på lokal

En lokal som är tom och grå

Servitrisen

Medelålderskvinna

Feta lår i kort kjol

Som en apelsin i nylon

Men vad spelade det för roll

Strunt samma hur benen såg ut

För med dom brösten som hon bar

Kunde inte mäta sig ens med spanska vattenmeloner

Hade det inte varit för dom så hade inte kaffet varit
gott

Natten, den långa och olidliga tiden
Allt är så jävla mörkt och svart
Maktlös, liten och rädd
Kryper tätt intill väggen vid min säng
Tycker den kalla betongen känns trygg
Att ha en mur bakom sin rygg
Natten, den långa och olidliga tiden
Då alla minnen kommer tillbaka
Som en dokumentär om sig själv
Alla dom djupa såren, idag är dom ärr
Men även ärr kan göra ont

Sitter ensam på en bänk
Tittar ut över parken
Ser lyckliga och leende barn
Minns barndomen
Minns sorgen
Kommer ihåg alla sveken
Som om det vore igår
En gång var jag också ett barn
Ett barn som inte fick lov att vara barn

Vacker I spegelbilden framför mig
Men ful i själen
Många år med många sår
Fick mig att leva i en bur
Utan empati
Utan sympati
Känslolös och känslokall
Faller för det vackra
Det materiella
Älskar döda ting
Dyra saker
För mig är kärleken död

Svett, blod och tårar
Tablett
Sömntablett
En tablett för nerverna
Ett piller för smärtan
Minnen, och sorger
Dom super jag bort
Det som inte försvinner
Det knarkar jag väck
Tur att det går att medicinera
Att slippa lära känna livet
På livets villkor

Var finns du
Har letat länge efter dig
Dina ögon
Där vackra tankar skapas
Brösten
Med hjärtat bakom
Det som slår för kärlekens skull
Var finns du
Du som inte bara är ett billigt knull
Har länge letat efter dig
En helt vanlig och ärlig tjej
Som ser kärleken för vad kärleken är

Två fåglar på en gren
Under dem stod apor och kastade sten
Tyckte att grenen bara var deras
Men trädet delades av flera
Mera demokrati
Det tycker ni era sprättande fåglar
Aporna ville ha anarki
Ville att även en kriminell skulle gå fri
Släpp droger och trädet fritt
Ta bort allt som är mitt och ditt
Det aporna glömde bort
Var att det var skator dem samtalade med
Fåglar som stal juveler åt sig själva

Jag trodde att vitt betydde oskuldsfull
Men känner mig full av hat
Smutsig och mindre värd
Jag trodde att var man vit så var man ren
Men jag fyller kroppen med droger och skit
Och säger jag svart
Då blir jag uthängd som rasist
Men vit är bara en färg, ett ord som inte betyder
något alls

Har ni sett flickan där borta I hörnet
Hon som säljer sin fitta för pengar
Mannen i sin sportbil
Mannen som tror att kuken är manlighet
Han betalar flickan dyrt
För att få stoppa kuken i hennes fitta
Medans frun nattar barnen
Stryker den rena tvätten
Sitter utbränd och halvfet i soffan
Har gett upp hoppet om ett lyckligt liv
Orkar inte ens tänka på det sexuella
Naturell kärlek, schemalagda sexuella kvällar
Med en man som inte ens kan vara trogen
Som inte vet vad kärlek är

Jag vill inte älska, idka samlag eller ligga med dig
Jag vill helt enkelt bara knulla dig brutalt
Njuta av att höra dina kvidande stön
Varför måste vi smekas, kyssas och mysa
Vill hålla din kropp hårt med mina kraftiga händer
Knåda dina bröst, hålla min hand över din mun
Jag vill stöta hårt in i dig, se dig njuta
Se din oskyldiga blick fylld av lust innan du
exploderar
Som en vulkan med utbrott rinner min lava över dig
Varmt, kletigt och smutsigt, men ändå så naturligt

Tänk om ett täcke av kärlek lade sig över vår jord
Kvävde allt hat som växt sig fast
Fan vad jag skulle skura bort den svarta och gråa
skiten
Jag skulle skura hela jorden vit, som en tom
målarduk
Sen skulle jag måla den röd, röd som kärleken är
Skulle fylla alla vapen med rosor, förbjuda kalsonger
och trosor
Fria gränser, fri sex och kärleksfull fred mellan alla
människor

När våra blickar möttes så visste jag
Att det gällde liv eller död
Men jag sträckte fram min hand
Du tog den i din
Fred mellan oss var sluten

Betongen är hård
Men människorna i betongen är hårdare
Betongen är grå
Men inte människorna som bor där
Betongen är kall
Tur att människorna ger dig värme
Betongen där jag växte upp
En klick mitt i grönskan
Som en stad som var bortglömd
Där djungelns lag råder
Starkast överlever
Lämnar man sitt byte
Då är hyenor genast där

Fattigt folk vill ses som rika
Dom rika vill ses som kungar
Kungar vill vara majestätiska
Jag som inga pengar har
Men som har ett hjärta av guld
Mig kan ni kalla gud fader som inget har

Är allting så vackert i själva verket?
Finns det något som är fult?
Kärleken?
Kärlek vid första ögonkastet
Jag klädde av dig naken med min blick
Våra läppar möttes
Dina läppar kring min kuk
Min mun mot din fitta
Jag kunde inte tänka på annat än dig
När jag äntligen får tränga in i dig
Våra själar möts
Knullar brutalt
Du och jag för alltid
Tills vi tröttnar på varandra
Klär av andra nakna
Knullar andra
Sveket om evig kärlek
När man är kär och leker
Men bränner sig på glöden
Man tycker att man är het

Resterande kvarlevor
Bara den slitna kostymen
Den som blivit skrynklig och grå
När jag väl har tagit av mig den
Då kommer den aldrig mer att passa
Jag kommer att leva vidare
Som en naken själ bland andra nakna själar
Nu har jag inte längre något att dölja

Natten är tung
Pungen klibbar mot låren
Luften är fuktig
Och den inpyrda cigarett röken
Den blandas med doften av könsorgan
Svett och gammalt vin
Natten är ung
Men Utmattade ligger vi här
Efter en våt natt och älskog

Kan vi inte bara börja om från början
Helst redan från den tiden då vi inte kände varandra
Då min tillit till andra fortfarande fanns kvar
Börja om då jag fortfarande hade min oskuld kvar
För då kan jag välja bort dig från mitt liv
Och då kanske mitt hjärta hade varit helt idag

Sommarnatten var ljum
Du och jag, stumma av kåthet
Inte ett ord, bara fåglarna utanför som lät
Våra händer smekte, utforskade ny mark
Vi var främmande för varandra
Sommardrömmen
Den drömmen som blev sann
Äventyret jag aldrig kommer att glömma
Hjärtslagen, andetagen, doften
Som om det hade hänt igår

Jag höll hårt om dina höfter
Månens ljus sken över oss
Vi var som vilda rovdjur
Jag trängde mig in i dig
Lekte med mitt byte
Leken blev alltmer våldsam
Och jag alltmer brutal
Våldsamt mättade jag mina lustar
Och du föll utmattad ihop
Månen lös över oss
Två kärlekstörstande själar

Jag kysste hennes hals
Och det var inte flaskans hals
Jag kände mig berusad
Inte av alkohol utan av kärlek
Våra mjuka läppar möttes
Det var inte falsk lycka
Det var äkta kärlek

En kärleksakt
Heta läppar möts
Varmt och sensuellt
Tunga och djupa andetag
Lustar som stenar
Hårt, mjukt och varmt
Allt på samma gång
Ge mig mer
Ge mig allt
Först försiktigt och varsamt
Sen hårt och brutalt
Innan jag tömmer mig själv på liv
Liv som rann ut över mjuka bröst
Liv som gick till spillo

Det gör jävligt ont att höra
Att du inte längre älskar mig
Men att känna ditt hat gentemot mig
Det är som om att dö en smärtsam död

Jag låtsades som om jag inte brydde mig
Som om du bara var som luft för mig
När du tilltalade mig så vände jag mig om
När du såg på mig så tittade jag ned på den kalla
asfalten
Men allt det var bara lögn
Bara för att jag inte kunde uttala dom enkla orden
Jag älskar dig
När du knullade någon annan
Medans du njöt och skrek ut din orgasm mot den
stjärn klädda himmelen
Då grät jag och min kudde av blev våt av tårar
Tårar av smärta för att jag visste om att jag hade
mist dig
Min enda kärlek

Det blev trångt och varmt
Som om en varm våg sköljde över mig
Pressar på, hårdare och djupare
Hela hennes kropp blev till sten
Som om livet stannade upp
Och tiden stod stilla, men bara i några sekunder
Till verkligheten hann i kapp
Med ett djupt andetag så slappnade allt av
Hennes kropp darrade, och hon sjönk ihop
Våt och varm, svetten som rann
Hon log, hon såg lycklig ut

Jag trodde att det var äkta kärlek
Jag kysste hennes hals
Höll henne hårt i handen
Jag visste att vad som än hände
Hur jag än var
Så skulle hon alltid finnas där
Min fru, mina barn
Familjen jag glömde bort
Till slut stod vi där ensamma kvar
Jag och min älskarinna
Älskarinnan jag förälskade mig i
En simpel flaska tillverkad av glas

Hur ska man förklara för ett barn att pappa gråter
för att hans hjärta är trasigt
Hur ska jag berätta att inget plåster i världen kan
lindra
Att man aldrig kan backa bandet och leva om sitt liv
Att man lever livet, på livets villkor

Döden har kallat på mig
Viskar mitt namn
Och vinkat mig till sig
Men jag har inte riktigt vågat
Jag vill följa med
Men samtidigt håller mig något kvar
Kanske är det livet
Livet som håller mig hårt i sin famn

Älska kan man göra på många sätt
Framifrån
Bakifrån
På soffan eller på köksbordet
Men bäst blir det om man älskar med hjärtat

Ögonbindel av svart silke
Du på rygg och under dig
Där ligger tusentals rosenblad
Svalkande känsla mot din heta hud
Med mitt huvud mellan dina mjuka lår
Mina läppar möter den väldoftande huden
Innan min tunga dansar över kärlekens berg
Jag kan inte få nog
Älskar känslan av att få tillfredsställa dig
Känner mig manlig och hård
Pulserande och redo

Låt mig få smaka på dig
Känna din tunga dansa med min
Månens sken
Som strålkastare över våran scen
Medans stjärnorna är en lysande publik
Låt jasminen dofta underbart
Låt björkens löv tala i sommarvinden
Sommarnatten så sval och skön
Daggen faller som finaste vin
Du och jag är upptagna av kärleksakten

Jag är en soldat
Jag slåss på liv och död
Ett krig mellan hat och kärlek
Jag är en soldat
I ett krig mellan hat och kärlek
Jag slår orättvisan på käften
Bombar människor med kärlek
Jag skiter i om du är vit eller svart
Brun, blå eller gul
Jag skjuter mina kulor av kärlek på alla
Jag är en kärlekens soldat
Jag slåss i kärlekens namn
I ett krig där kärleken kommer att segra

Varm lava ur en vaknande vulkan
Pulserande stöter det på
Berget som öppnar sig
Sluter sig
För att öppna sig igen
Den heta lavan kommer i kaskader

Här är en blues
Byggd av tårar
Tonsatt av orättvisor
Kompad av hat
Men sammansatt av kärlek
Här är en blues
En diagnos
Ställd av en farbror i vit rock
En dom att leva som du är
Att du aldrig kommer att vara som andra
Här kommer en blues
En blues om mitt liv
Om att vara beroende av droger
Bara för att få ett lugn inombords
För att fungera med andra

Dunkelt ljus
Siluetten av stearinljuset
Dansar som ballerinor på väggen
Bruset från champagneglasen
Känns som bubblor i mina vener
När jag klär av dig naken
Blottar din vackra kropp
Kysser dina bröst
Runt din navel
Känner kittlingar av lust
Begär efter mer
Av hela din nakna kropp

Sitter på ett tåg
Ett tåg utan destination
Människor sa till mig
Att tågets slutdestination
Var en trettio centimeter lång väg
Att tydligen gick den från hjärtat
Upp till hjärnan
Tur och retur

Så fort jag såg dig visste jag
Att det var riktiga kvinnor jag ville ha
Former av högsta kvalité
Och bröst av fett av vävnad
Så underbart att få kyssa riktiga läppar
Utan påfyllning av plastmassa
Skönt att din kropp är lika mjuk som min
Utan stela muskler
Så jävla underbart med naturliga kvinnor
I alla former och sorter

Sliter dig hårt i håret
När jag Knullar dig bakifrån
Tokig av sexuella begär
Besatt av din sköna fitta
Din mjuka och lena kropp
Doften av afrodite
Och smärtan från amors pilar

Vackra kvinnor
Guds bästa skapelse
Alla dess former
Färger
Ålder?
Finns inget bäst före datum
Det finns bara mer eller mindre
Av erfarenhet

I ditt öra viskar jag
Du är vacker som få
Jag lämnar ett hemligt litet brev
Med ett hjärta på
Köper rosor av finaste kvalité
Men inget kan mäta sig
Inte med din skönhet
Jag älskar dig
Det säger mitt hjärta
Till dig

Hon log mot mig
Knäppte sin bh
Drog på sig trosorna
Över huvudet trädde hon sin tröja
Lirkade på sig dom tighta jeansen
Hennes rumpa var gudomlig
Hennes mjuka läppar mot min panna
Ett litet adjö

Jag såg tårar rinna på hennes kind
Sneglade på den halvt fulla flaskan
Det gjorde förbannat ont att se
Se flaskan stå där övergiven
Tårar rann från en sårad dotter
När jag satte flaskans hals till min mun

Jag bär ömt på kärlekens nyckel
Mina ögon speglar den jag älskar mest
Och inom mig bär jag på det finaste jag kan ge någon
i gåva.
Inom mig bär jag på kärleken
Det du ser utanpå är bara en mänsklig kostym
En sliten och väl använd dräkt
Något som jag gömmer mig bakom

Sanningens ögonblick då människan släpper sin
ögonbindel.
Bländad av verkligheten, hänförd av kärleken och
döva öron för vackra ord.
Framtiden då vi tänker tillbaka på hur det var förr,
då känslor var något alla bar på.
Kärlek något man delade med sig av.
Sympati och empati var en självklarhet.
Men det var längesedan, en tid som är förbi.
Det var långt innan människans hjärta blev till sten,
innan känslor var ett maskinskrivet ord.
Nu sitter vi här ensamma i bubblor av glas, bryr oss
bara om oss själva och ingen annan

Sanningen ligger där och skräpar bland lögnerna
Sveket har förmultnat likt dom döda känslorna
Och kärleken ligger där i en kartong
Bortglömd i ett skåp

Många tror att jag är en idiot
Förrymd psykpatient
Från rymden
Men jag talar bara från hjärtat
Älskar med min egen hjärna
Och jag Kysser orden som kommer från min mun
Brutalt öm och icke sympatisk
Antisocial

Knulla bör man, annars dör man
Tänkte pojken som drog en handtralla på toaletten
Drömde om den äldre och erfarna kvinnan
Hon, den mjuka och sköna som visste precis hur det
skulle gå till
Exakt hur man skulle tillfredsställa en hormonstinn
pojke
Ja knulla bör man, innan man dör i alla fall
Det blir bara värre med åldern
Det som en gång var hårt som stål
Hänger nu litet och slappt
Man drömmer om yngre flickor, med fasta bröst
Men vilken flicka vill ha en slapp kuk till tröst
Har man en gång slutat med napp så börjar man inte
igen

Det är förbjudet att älska någon som redan är
upptagen
Man får lägga band på sina känslor, förstå att
äganderätten redan finns
Man kan alltid hoppas på att ägaren snart tröttnar
Att den man hyser känslor för snart kommer ut på
second hand marknaden
Bättre begagnad kärlek, en aningen sliten och
kantstött
Men charmen och skönheten den finns alltid kvar
Bara lite äldre och lite billigare
Bäst före datumet, det skiter man fullständigt i
För kärleken den blir aldrig härsken eller förstörd

Jag tar mig gen tår eller två
Livet går ändå ingenstans
Chans att få känna en liten gnutta lycka
Få glömma bekymmer och besvär
Spottar och svär
Slår näven sönder och samman
Blodet som bara består av koncentrerat alkohol
I mitt hjärta har jag ett stort och svart hål
Jag hade varit alldeles för snål med kärleken
Alldeles för givmild med hatet
Nu stod jag här ensam kvar
Tänker på barnen
På barnen som jag en gång var far till
Men nu är det precis som om tiden stod still
Fastbunden i ensamheten